BEI GRIN MACHT SICH IHR WISSEN BEZAHLT

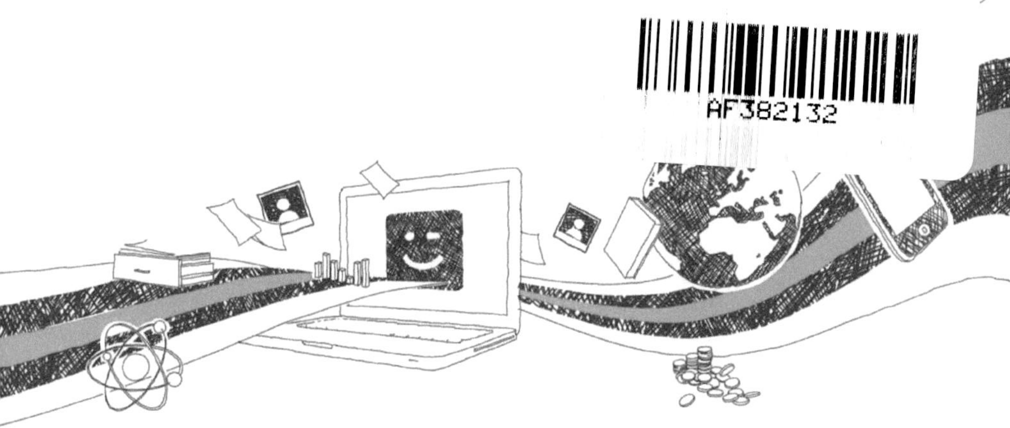

- Wir veröffentlichen Ihre Hausarbeit,
  Bachelor- und Masterarbeit

- Ihr eigenes eBook und Buch -
  weltweit in allen wichtigen Shops

- Verdienen Sie an jedem Verkauf

Jetzt bei www.GRIN.com hochladen
und kostenlos publizieren

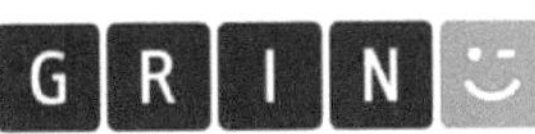

Ernst Probst

Mae West - Die Komödiantin der Spitzenklasse

GRIN Verlag

Bibliografische Information der Deutschen Nationalbibliothek:

Die Deutsche Bibliothek verzeichnet diese Publikation in der Deutschen National-
bibliografie; detaillierte bibliografische Daten sind im Internet über http://dnb.d-
nb.de/ abrufbar.

Impressum:

Copyright © 2012 GRIN Verlag, Open Publishing GmbH
Druck und Bindung: Books on Demand GmbH, Norderstedt Germany
ISBN: 978-3-656-19436-1

Dieses Buch bei GRIN:

http://www.grin.com/de/e-book/193949/mae-west-die-komoediantin-der-spitzen-
klasse

GRIN - Your knowledge has value

Der GRIN Verlag publiziert seit 1998 wissenschaftliche Arbeiten von Studenten, Hochschullehrern und anderen Akademikern als eBook und gedrucktes Buch. Die Verlagswebsite www.grin.com ist die ideale Plattform zur Veröffentlichung von Hausarbeiten, Abschlussarbeiten, wissenschaftlichen Aufsätzen, Dissertationen und Fachbüchern.

Besuchen Sie uns im Internet:

http://www.grin.com/

http://www.facebook.com/grincom

http://www.twitter.com/grin_com

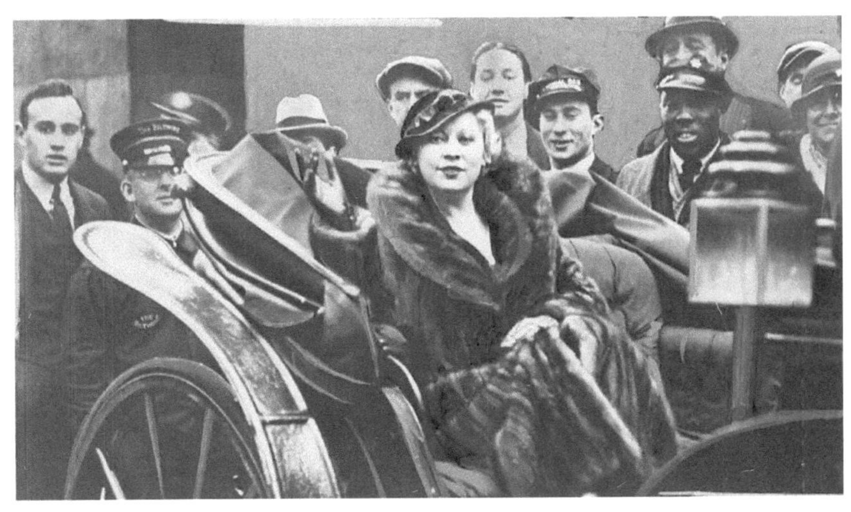

Mae West (1893–1980)
im Alter von 40 Jahren
in einer Kutsche bei der Rückkehr aus Hollywood
auf einem Foto von 1933

Ernst Probst

Mae West

Die Komödiantin
der Spitzenklasse

Beate Werner;
Bernd Werner,
Marianne Werner,
Otto Werner,
Sonja Werner,
Dr. Jochen Werner,
Christine Werner und
Steffen Werner
gewidmet

Mae West

Die Komödiantin der Spitzenklasse

Eine der besten Komödiantinnen der Welt dürfte die amerikanische Schauspielerin Mae West (1893–1980) gewesen sein. Selbstbewusst sagte sie einmal von sich: „Es wird nie wieder einen Star wie mich geben", womit sie nicht ganz unrecht hatte. Denn sie war eine der ausgefallensten Komödiantinnen, eine Diva der Kinoleinwand, der größte Vamp der frühen Tonfilmzeit und der erste Sexstar des amerikanischen Films. Ihre Spitznamen hießen „Queen of the World" und „The Statue of Libido".

Mary Jane („Mae") West erblickte am 17. August 1893 im New Yorker Stadtteil Brooklyn das Licht der Welt. Als Geburtshelferin betätigte sich eine Tante, die Hebamme war. Die Eltern von Mary Jane hatten am 18. Januar 1889 in Brooklyn geheiratet. Ihr Vater John Patrick West (1866–1935) besaß irisch-katholische Vorfahren. Er kämpfte als Preisboxer im Federgewicht unter dem Namen „Battlin Jack West". Zeitweise arbeitete er als Mietstallbesitzer, „spezial policeman" und Privatdetektiv. Ihre Mutter Matilda („Tillie") Doelger (1870–1930) stammte aus einer jüdischen Bierbrauerfamilie in München. In der Literatur findet man auch den Vor-

namen Mathilda sowie die Familiennamen Decker, Delker oder Doelker. Sie war 1886 aus Deutschland in die USA eingewandert. Vor ihrer Heirat arbeitete sie als Schneiderin und Fotomodell. Irgendwann nahmen die Eltern von Mae den evangelischen Glauben an.
Mae West war nicht das einzige Kind ihrer Eltern. Ihre ältere Schwester Katie starb früh. Außerdem hatte sie eine Schwester namens Mildred Katherine (1898–1982), genannt Beverly, und einen Bruder namens John Edwin (1900—1964). Ihre Schwester hieß später Beverly Arden und wurde Sängerin. Während der Kindheit von Mae zogen ihre Eltern mehrfach in New York City um.
Bereits mit fünf Jahren trat Mae vor einem größeren Publikum in einer kirchlichen Veranstaltung auf. Angetrieben von ihrer ehrgeizigen Mutter stand sie in diesem frühen Alter auf Bühnen von Vaudeville-Theatern. Als Siebenjährige schloss sie sich der „Hal Clarendon's Stock Company" an und wurde in New Yorker Vorstadtrevuen als „Baby-Vamp" ein Kinderstar. Sie imitierte berühmte Schauspieler und spielte klassische Kinderrollen wie beispielsweise den „kleinen Lord". Oft gewann sie Preise bei lokalen Wettbewerben. Die Schule besuchte sie nur zeitweise, statt dessen erhielt sie Privatunterricht und schloss mit 13 Jahren die Schulausbildung ab.
Als Teenager reiste Mae West mit einer wandernden Varietétruppe durchs Land. Auf der Bühne trat sie damals unter dem Künstlernamen „Baby Mae" auf.

Am 11. April 1911 heiratete die 17 Jahre alte Mae West in Wisconsin (Milwaukee) ihren wenige Jahre älteren Gesangs- und Tanzpartner Frank Wallace (geboren 1889/1890), eigentlich Frank Szatkus, den sie 1909 kennengelernt hatte. Sie trennte sich aber schon nach einer Tournee wieder von ihm, weil er ihre „feineren Instinkte" nicht ansprach. Lange Zeit hielt sie diese erste und wohl einzige Ehe geheim. Ihre Heiratsurkunde wurde 1935 entdeckt, was die Presse prompt publizierte. 1937 erklärte Mae bei einem juristischen Verhör, sie habe Wallace 1911 geheiratet. Erst am 23. Juli 1942 erfolgte die offizielle Scheidung. Dabei erwähnte Mae, sie habe nur einige Wochen lang mit Wallace zusammengelebt.
1911 trat die damals noch ranke und schlanke Mae West in „A la Brodway" erstmals am New Yorker Broadway auf. Nach weiteren kleinen Broadwayrollen ging sie erneut mit einer Varietétruppe auf Reisen. In ihrer Anfangszeit als Theaterschauspielerin trug sie bei Auftritten wegen ihrer geringen Körpergröße spezielle Schuhe mit rund 15 Zentimeter hohen Absätzen.
Als junge Frau hielt sich Mae West an starke Männer wie Boxer und Agenten sowie zeitweise sogar an Gangster. Leibwächter, die später für sie tätig wurden, prüfte sie gern selbst auf ihre Tauglichkeit. Abstinent blieb sie, was Alkohol, Tabak und Drogen betraf.
Von 1914 bis 1920 hatte Mae West eine Affäre mit dem aus Italien stammenden Künstler Guido Deiro (1886–1950), der als Pionier des Pianoakkordeons gilt. Mit ihm

hat sie sich Ende 1913 oder Anfang 1914 „verlobt".
Eine Zeitlang trat sie mit ihm gemeinsam auf. Der Sohn
von Deiro behauptete später, sein Vater habe 1914 Mae
West geheiratet. Die Braut habe unter der Bedingung
der Geheimhaltung in die Heirat eingewilligt und bei
der Trauung den Namen „Catherine Mae Belle West"
angegeben. West soll Deiro 1916 verlassen haben und
von ihm am 9. November 1920 geschieden worden sein.
1915 verfasste Mae West ihren ersten Song, den sie in
ein Leopardenfell gehüllt vortrug. Allmählich entwi-
ckelte sie ihren Stil als „Femme fatale" und Urbild eines
Sexstars. Unter einer „Femme fatale" versteht man –
laut „Duden-Lexikon" – „eine Frau mit Charme und
Intellekt, exzessivem Lebenswandel und betörendem
Wesen, die ihren Partnern oft zum Verhängnis wird".
Als erste weiße Tänzerin trat Mae West 1918 in „Shuberts
Theatre" auf und wurde ein Star. Das französische
Filmstudio „Pathé Frères" bot ihr eine Rolle an, aber
sie lehnte ab.
Unter dem Namen „La West" machte Mae West 1918
den lasziven Tanz „Shimmy" am Broadway in New York
City populär. Typisch für den „Shimmy" sind das
ständige Schütteln der Schultern, das Beugen des
gesamten Körpers und die X-Beine. Dagegen erfordert
dieser Tanz kaum noch Beweung der Füße.
Für die 1,52 oder 1,55 Meter große, inzwischen dralle
Blondine mit Doppelkinn und wogendem Busen kam
der Durchbruch, als sie mit 33 Jahren unter dem Namen

„Jane West" die Komödie „Sex" (1926) über eine New
Yorker Hafennutte schrieb und inszenierte. Davon
gab es im New Yorker „Daly's Theatre" insgesamt
375 Vorstellungen, ehe die „Gesellschaft zur Be-
kämpfung des Lasters" eine polizeiliche Schließung
erreichte. Mae West wurde wegen „Verderbung der
Moral Jugendlicher" zu einer achttägigen Gefängnis-
strafe verurteilt. Man warf ihr frivole Dialoge und einen
unzüchtigen Bauchtanz vor, der angeblich einen
Liebesakt suggerierte. Ihr Verteidiger wies in seinem
Plädoyer erfolglos darauf hin, dass ihr Verhalten „für
die Gesamtbevölkerung und ihre zivilisierten Um-
gangsformen" unschädlich sei. Mae traf im Frühling
1927 mit Armen voller Rosen auf der Strafinsel von
New York City ein. Während der Haft durfte sie ihre
seidene Unterwäsche tragen. Wegen guter Führung
entließ man sie einen Tag früher. Später erklärte Mae:
„Wenn man überlegt, was „Sex" mir gebracht hat, sind
ein paar Tage im Gefängnis und 500 Dollar Buße kein
schlechter Deal".
Das zweite Theaterstück „The Drag" von Mae West
über die Probleme eines Homosexuellen konnte 1926
nur zwei Wochen lang in Paterson (New Jersey) auf-
geführt werden. Umstrittener Höhepunkt jeder
Aufführung war ein Tanz von 40 Transvestiten. Dieses
Theaterstück hatte Mae dem Deutschen Karl Heinrich
Ulrichs (1825–1895) gewidmet, der früh die „Liebe zum
eigenen Geschlecht" propagiert und 1867 auf dem

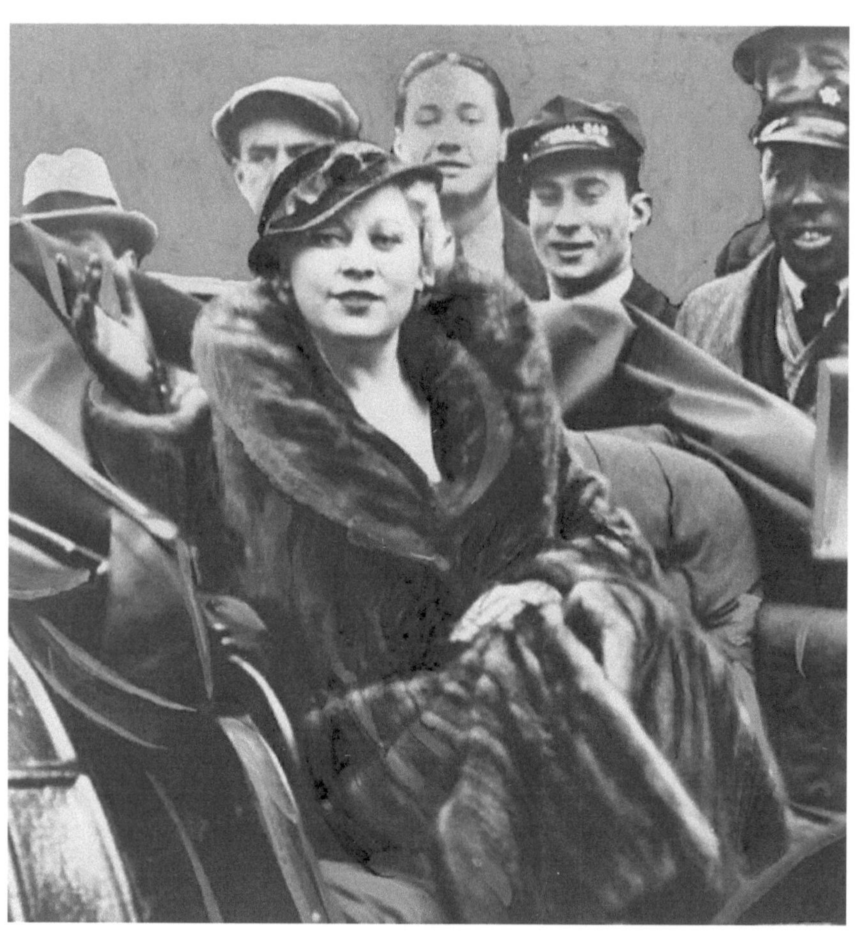

*Wenn Mae West – wie hier 1933 in einer Kutsche –
in der Öffentlichkeit erschien,
stand sie schnell im Mittelpunkt des Interesses.*

„Deutschen Juristentag" die Abschaffung aller gegen Homosexuelle gerichteten Paragrafen gefordert hatte.

Auch das drittes Theaterstück „The Wicked Age" („Das böse Zeitalter") von Mae West sah man 1927 nicht lange. Dagegen lief ihr Stück „Diamond Lil" (1928) zwei Jahre lang am Broadway in New York City. Ein weiteres Stück mit dem Titel „The Pleasure Mann" (1928) wurde am Brodway sofort polizeilich abgesetzt.

1929 ging Mae West mit „Diamond Lil" und 1930 mit „Sex" auf Tournee durch die USA. Von 1931 bis 1932 wurde ihr Stück „The Constant Sisters" am Broadway in New York City gezeigt.

Im Sommer 1932 schloss Mae West einen Vertrag mit dem Filmstudio „Paramount Pictures Corporation" und ging nach Hollywood. Als 39-Jährige feierte sie in „Night After Night" (1932) ihr Debüt auf der Kinoleinwand. Darin raufte sie mit einem noblen Gangster um Gratisdrinks und Diamanten. Eine Szene machte sie berühmt: Als ein Garderobemädchen ausrief „Goodness! What lovely diamants!", antwortete Mae „Goodness had nothing to du with it" Bei den folgenden Streifen hatte sie oft Regie und Hauptrolle inne.

Im Privatleben von Mae West spielte Alkohol keine Rolle. In der Mitte der 1930-er Jahre erschienenen Autobiografie des fundamentalischen Predigers Billy Sunday sind Sunday und West zu sehen, wie sie eine Flasche Bier in einen Fluss schütten.

1932 mietete Mae West ein Apartment in der Rossmore Avenue in Hollywood. Dort empfing sie männliche Besucher, die aus unterschiedlichen Gründen zu ihr kamen. Zum Interieur gehörten weiß und gold getönte Möbel im Louis-Quatorze-Stil, darunter ein Doppelbett mit kunstvoller Spitzendecke, Polstern und einem mit Ornamenten geschmückten Baldachin sowie einem riesigen Spiegel.

Vor manchen Besuchern erschien Mae West im Neglige, das sie mit einer Hand zuhielt, die andere lag auf ihrer Hüfte. Ohne große Umstände sank sie auf das Bett, verschränkte die Arme hinter dem Kopf, schlug die Beine übereinander und fragte den Besucher, was sie für ihn tun könne.

In dem Film „She Done Him Wrong" („Sie taten ihm unrecht", 1933), der die Filmversion ihres Theaterstückes „Diamond Lil" war, spielte Mae West an der Seite von Cary Grant (1904–1986) die Nachtclub-Besitzerin „Lady Lou", die eine junge Frau vor der Prostitution bewahrte. Dieser Streifen brach weltweit Kassenrekorde und rettete damals das Filmstudio „Paramount" vor dem Verkauf an „Metro-Goldwyn-Mayer" („MGM"). Mae erhielt für ihre überzeugende Rolle eine Nominierung für den „Oscar".

Für Mae West begann jeder Drehtag angeblich mit einem Besuch in der Kirche. Ansonsten verhielt sie sich aber nicht immer christlich. Sie duldete keinen Widerspruch und vor allem keine jüngeren Frauen im Bild. Zeitweise beauftragte sie einen Privatdetektiv damit, ihr den neuesten Klatsch am Set zu hinterbringen.

1934/1935 schuf der spanische Maler, Bildhauer und West-Verehrer Salvador Dalí (1904–1989) das Bild „El rostro de Mae West que puede ser usado apartamento" („Gesicht der Mae West das als Wohnung benutzt werden darf") sowie weitere Gemälde zu ihren Ehren. 1938 vergrößerte Dalí ein Foto der Lippen von Mae und entwarf ein „Mae-West-Sofa".

Mitte der 1930-er Jahre galt Mae West, deren Filme große Publikumserfolge waren, als bestbezahlte Schauspielerin in den USA. Für die zehn Wochen Dreharbeit bei „Night After Nigth" (1932) erhielt sie 50.000 US-Dollar, für „She Done Him Wrong" (1933) 130.000 US-Dollar, für „I'm No Angel" (1933) 300.000 US-Dollar und für „Belle oft the Nineties" (1934) 400.000 US-Dollar. 1935 verdiente sie bereits 480.833 US-Dollar. In „I'm No Angel" schob sie ihren Kopf in einen Löwenrachen.

Ihren Durchbruch in Hollywood kommentierte sie mit den Worten: „Ich bin keineswegs ein kleines Mädchen aus einer Kleinstadt, das sich die Großstadt erobern will. Ich bin ein großes Mädchen aus der Großstadt, das sich eine Kleinstadt erobert". Dies sagte sie über Hollywood, nachdem sie bereits ein Star auf Bühnen in New York City gewesen war.

Durch ihren Erfolg geriet Mae West damals ins Visier amerikanischer Sittenwächter, die regelrecht eine Hetz-

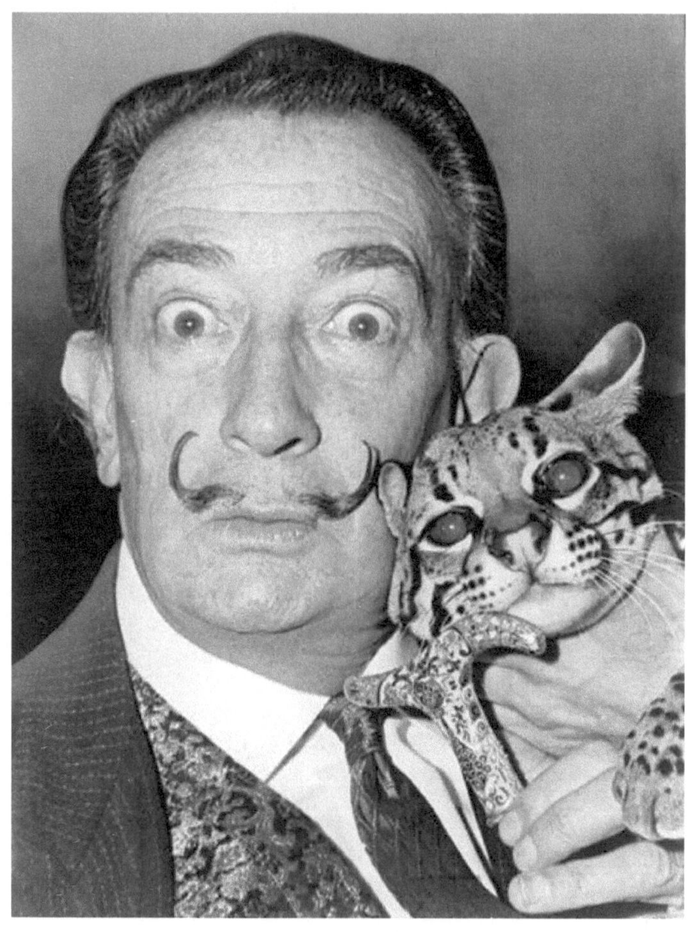

West-Verehrer Salvador Dalí (1904–1989)
mit Ozelot und Stock
auf einem Foto aus dem Jahre 1965

kampagne gegen sie betrieben. Man betrachtete sie als eine Gefahr für die Moral und rief zum Boykott ihrer Filme auf.

Um zu verhindern, dass sie ein Opfer der Zensur wurde, drehte Mae West etwas harmlosere Filme. Diese trugen Titel wie „Klondike Annie" (1936), „Go West Young Man" („Auf in den Westen", 1936) oder „Every Day's a Holiday" (1937). „Die Zensoren waren schon sauer, wenn ich auf dem Schoß eines Mannes saß. Dabei war ich bei mehr Männern auf dem Schoß als eine Serviette", erklärte Mae einmal.

1937/1938 wurde Mae West das Ziel einer Hetzkampagne des amerikanischen Zeitungsverlegers William Randolph Hearst (1863–1951). Der verheiratete Zeitungszar fragte in in seinen Blättern, ob es nicht an der Zeit wäre, dass der amerikanische Kongress etwas gegen die unmoralische Mae West unternehme. Der verheiratete Hearst hatte selbst keine weiße Weste: Er gönnte sich ein Verhältnis mit einer Schauspielerin. In den Gazetten von Hearst durfte keine Werbung für Filme von Mae erschienen. Nach dem Verriss des Streifens „Every Day's a Holiday" trennte sich das Filmstudio „Paramount Pictures" von West.

Als legendär beurteilen Kritiker die Rolle, welche die 47-jährige Mae West in dem Film „My Little Chickadee" („Mein kleiner Gockel", 1940) mimte. In dieser vom Filmstudio „Universal" produzierten Westernkomödie spielte die reife Diva neben W. C. Fields (1880–1946)

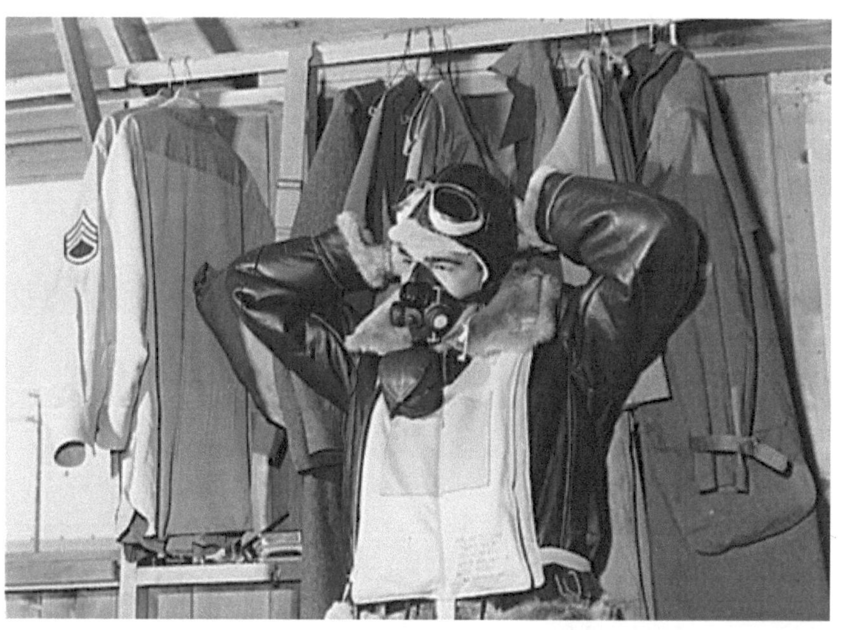

Aufblasbare Schwimmweste
„Mae West"
der britischen
„Royal Air Force"

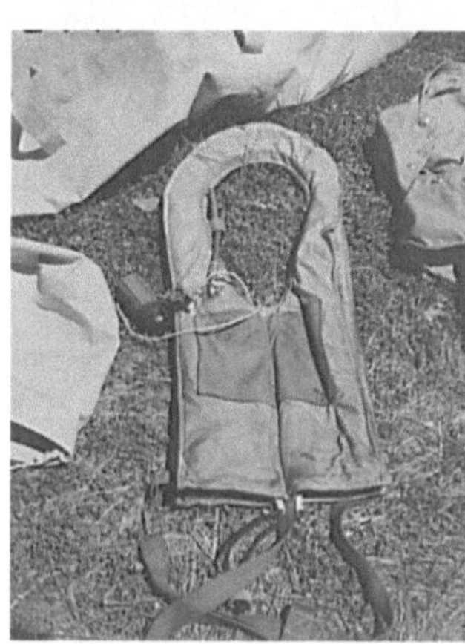

einen liebestollen Teenager. Wenn Fields sie als „meine kleine Zuchtstute" ansprach, reagierte sie schlagkräftig. Danach sah man sie in der musikalischen Komödie „The Heat's On" (1943), die vom Filmstudio „Columbia" hergestellt, aber kein Erfolg wurde.

In den 1940-er Jahren kehrte Mae West zum Theater zurück. 1944 brachte sie das selbstverfasste Stück „Katharina die Große" auf die New Yorker Bühne und ging damit 1945 auf Tournee.

Dank ihrer imposanten Oberweite von 102 Zentimetern wurde Mae West die Ehre zuteil, dass man Teile der militärischen Ausrüstung nach ihr benannte. Nämlich eine aufblasbare Schwimmweste der britischen „Royal Air Force" und einen Kampfpanzer mit zwei Türmen der „US-Army". Bei aufgeblasener Schwimmweste hatten Soldaten etwa ähnliche Maße wie der Filmstar, hieß es zur Begründung. Die Ausrüstungsgegenstände namens „Mae West" wurden im Wörterbuch „Websters New International Dictionary" erwähnt.

Beim Film „Sunset Boulevard" (1950) bot sich Mae West die Chance, die Rolle der Norma Desmond zu spielen. Doch dann gab man Gloria Swanson (1897–1983) den Vorzug, die hierfür eine Nominierung für den „Oscar" als beste Schauspielerin erhielt.

Von 1954 bis 1956 bereiste Mae West die USA mit einem Nachtclubprogramm. Außerdem trat sie in amerikanischen Fernsehserien auf und sang auf Schallplatten. Ihre besten Chansons kamen 1955 in dem Schallplattenalbum „The Fabulous Mae West" heraus. Damals prophezeite der Wahrsager Jeron King Criswell (1907–1982), Mae werde 1960 die Präsidentschaftswahl gewinnen und 1965 mit ihm und seiner Freundin Liberace zum Mond fliegen.

1959 erschienen die Memoiren von Mae West. Sie trugen den Titel „Goodness Had Nothing in Do With It" („Tugend hatte damit nichts zu tun"). Als ihr eine Rolle in dem Film „Roustabout" (1964) mit Elvis Presley (1935–1977) angeboten wurde, lehnte sie ab. Ab Mitte der 1960-er Jahre litt Mae unter Diabetes. 1967 kam ihr Buch „The wit and Wisdom of Mae West" auf den Markt. Am 1. Juni 1967 erschien das Album „Sgt. Pepper's Lonely Herarts Club Band" der „Beatles", auf dessen Cover unter anderem Mae West abgebildet war. Zunächst hatte sie dies abgelehnt und gefragt, was sie mit einem „Lonely Hearts Club" zu tun habe.

Reportern gegenüber verwendete Mae West oft dieselben Formulierungen. Ein beliebter Satz von ihr lautete: „Mein Ego bricht alle Rekorde". Dies teilte sie 1964 der „Saturday Evening Post", 1969 der „New York Times" sowie 1971 dem „Playboy" und dem „Stern" mit. Gern sagte sie auch „Ich war die Erste, die das Wort Sex an die Öffentlichkeit gebracht hat" und „Ich war schon immer meiner Zeit voraus". Das klang wie Prahlerei, war aber keine Lüge.

In den 1970-er Jahren war Mae West mit 77 neben Rachel Welch in dem Transvestitendrama „Myra Breckinridge"

(„Myra Breckinridge – Mann oder Frau?", 1970) und mit 85 in der Filmkomödie „Sextette" (1978) noch einmal auf der Kinoleinwand aktiv. In letzterem Streifen konnte man sie an der Seite der Schauspieler Tony Curtis (1925–2010) und Timothy Dalton sowie der Sänger Ringo Starr, Keith Moon und Alice Cooper sehen. Zu ihren Vorbereitungen vor Drehbeginn gehörte nach dem Schminken ein Einlauf. Für „Sextette" erhielt sie eine Gage von 350.000 US-Dollar für zehn Tage Dreharbeit. Bei der Premiere waren ihre Fans begeistert und ihre Kritiker enttäuscht. Danach meinte sie, es sei Zeit, sich nur noch um den Garten zu kümmern.

Berühmt wurden viele flotte Sprüche von Mae West wie: „Ich war einmal Schneewittchen, aber ich bin davon abgekommen". „Sex mit Liebe ist das Größte im Leben. Aber Sex ohne Liebe ist eigentlich auch nicht so schlecht". „Wenn ich zwischen zwei Übeln wählen muss, wähle ich das, was ich noch nicht ausprobiert habe". „Zehn Männer warten an der Tür auf mich? Schick einen nach Hause. Ich bin müde". Ihr bekanntester Satz lautete: „Ist das ein Revolver da in ihrer Hose oder freuen Sie sich bloß, mich zu sehen?"

Für ihre zahlreichen Verehrer hatte Mae West manchmal nur Hohn und Spott übrig. Als einer zu ihr „Ich möchte dein Sklave sein" sagte, antwortete sie: „Das lässt sich doch machen." Wenn einer „Ich kann dich nie vergessen" säuselte, meinte sie schnippisch: „Wer kann das schon?" Ein einzelner Mann bedeutete ihr vermutlich

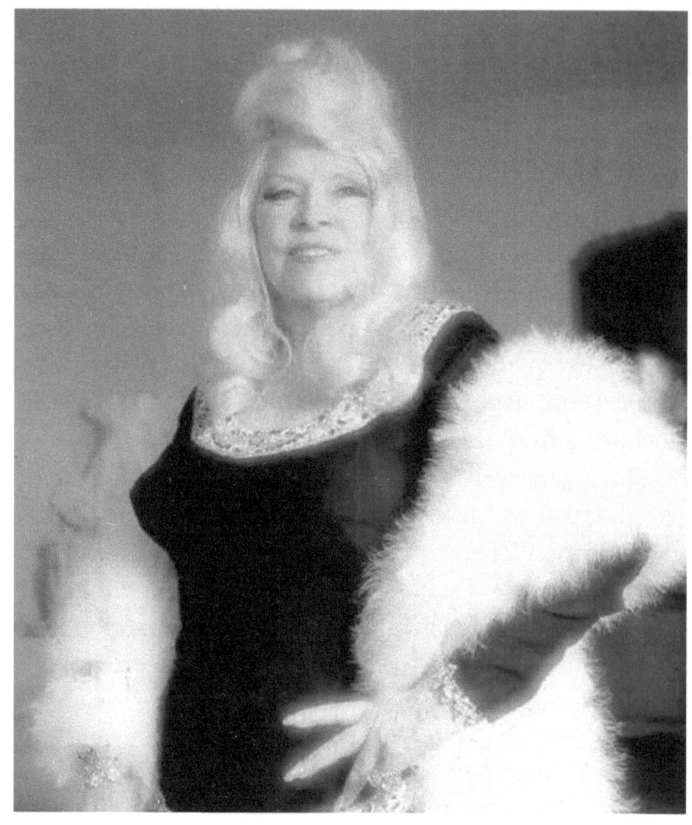

Fotos auf den Seiten 22 und 23:

Mae West in ihrem Domizil.
Beide Fotos wurden 1973 von Alan Warren aufgenommen.

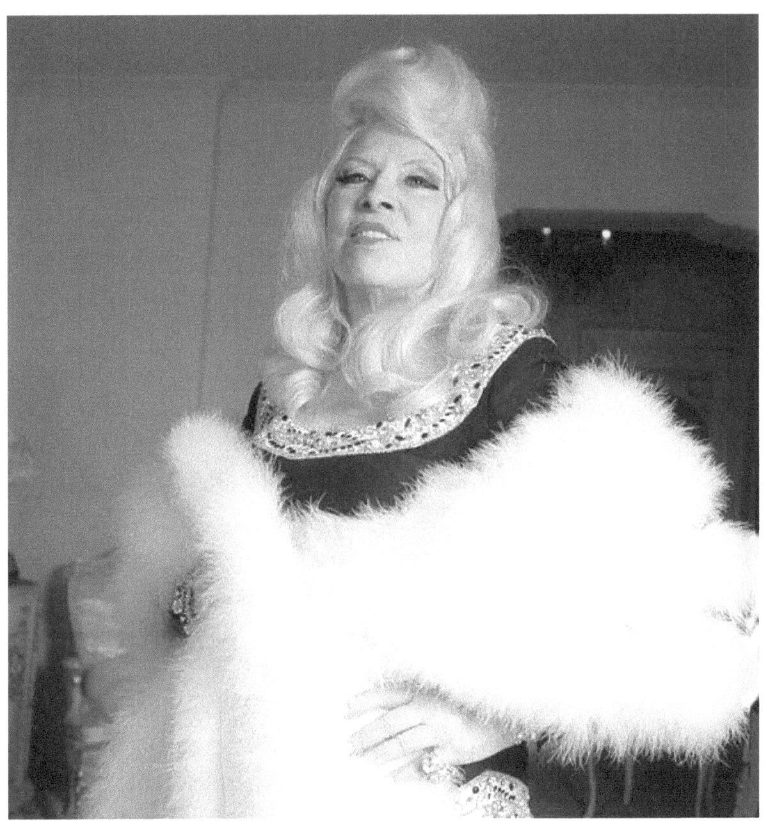

nicht viel. Denn sie prahlte: „Wir taten's 22mal von elf bis sieben".

Seit 1974 befindet sich im „Salvador-Dalí-Museum" in Figueres (Spanien) ein „Mae-West-Saal". Darin hat Dalí – inspiriert von Óscar Tusquets – ein Gemälde von Mae West dreidimensional nachgebildet.

Im Alter von 61 Jahren verliebte sich Mae West in den 30 Jahre jüngeren Sportler und muskulösen Bodybuilder Paul Novak (1923–1999). Dieser hieß eigentlich Chester Ribonsky und nannte sich später „Chuck Krauser" sowie schließlich „Paul Novak. Während der letzten 26 Jahre ihres Lebens war Novak treuer Begleiter von West. Weil ihre alten Filme aus den 1930-er und 1940-er Jahren in den USA oft im Fernsehen gezeigt wurden, blieb Mae West unvergessen. Bis ins hohe Alter erhielt sie Fan-Post. Jede Woche trudelten rund 200 Briefe begeisterter Fans bei ihr ein.

Zuletzt lebte Mae West in einem Haus im spätägyptischen Stil, das mit goldenen Phalli dekoriert war. Lästerzungen zufolge schminkte sie selbst sich zur Mumie und umgab sich mit Muskelmännern.

Auch an Mae West ging das Alter nicht spurlos vorbei. Sobald sie sich allein wähnte, wirkte sie mitunter „verschüchtert, scheu, mimosenhaft, unberührt und ganz verloren", beobachtete der Autor Truman Capote (1924–1984). Bei Spaziergängen am Strand von Santa Monica mit einem Freund „schlurfte sie manchmal ein wenig – wie eine alte Frau", erzählte eine Nachbarin.

Im August 1980 konnte Mae West nach einem Sturz plötzlich nicht mehr sprechen. Im „Good Samaritian Hospital" in Los Angeles stellte man fest, dass sie einen Schlaganfall erlitten hatte. Am 18. September 1980 folgte ein zweiter Schlaganfall, nach dem Mae rechtsseitig gelähmt war und zudem eine Lungenentzündung bekam. Im November besserte sich ihr gesundheitlicher Zustand ein wenig und sie wurde nach Hause entlassen. Am 23. November 1980 starb Mae West im Alter von 87 Jahren in Hollywood. Überraschenderweise wurde ihr treuer Begleiter Paul Novak nicht in ihrem Testament berücksichtigt. Ihre letzte Ruhe fand sie in der Familiengruft auf dem Friedhof „Cypress Hills Cemetery" in Brooklyn.

Im Januar 2000 entdeckte die New Yorker Theatergruppe „Hourglass Group" das Stück „Sex" von Mae West wieder und inszenierte es. Garniert wurde die Aufführung im Theatersaal des „Gershwin Hotels" in New York City mit Auszügen aus dem Strafprozess gegen Mae. Das Stück begleitete die Hure Margy LaMont auf ihren Abwegen von Montreal bis Trinidad und schloss mit einem Happy End mit ihrem Lieblingsfreier.

Das „American Film Institute" wählte Mae West auf Platz 15 der 50 größten Filmstars. Ein Stern auf dem „Hollywood Walk of Fame" trägt ihren Namen. Auf dem Effnerplatz in München erinnert eine 52 Meter hohe und 72 Tonnen schwere Carbon-Konstruktion mit

Foto auf Seite 27:

Familiengruft auf dem Friedhof „Cypress Hill Cemetery"
in Brooklyn, New York City.
Dort sind Mae West (oben)
sowie ihre Schwester, ihr Bruder und ihre Eltern
zur letzten Ruhe gebettet.
Der Besucher Jacob Truedson Demitz („Lars Jacob")
aus Schweden hat gelbe Rosen,
die Lieblingsblumen von Mae, abgelegt.

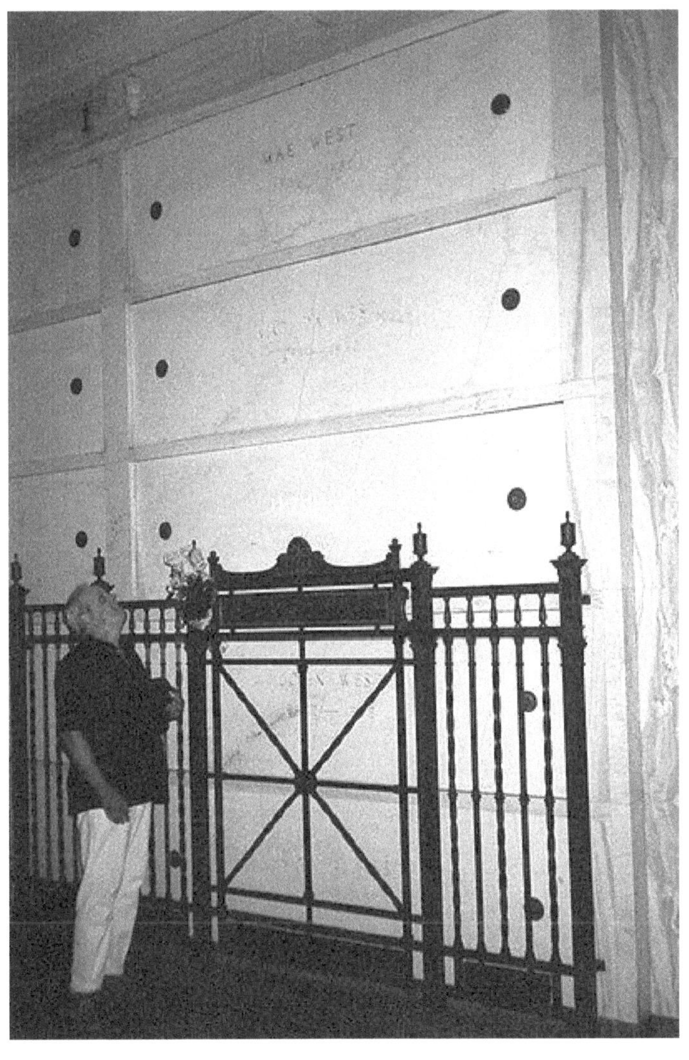

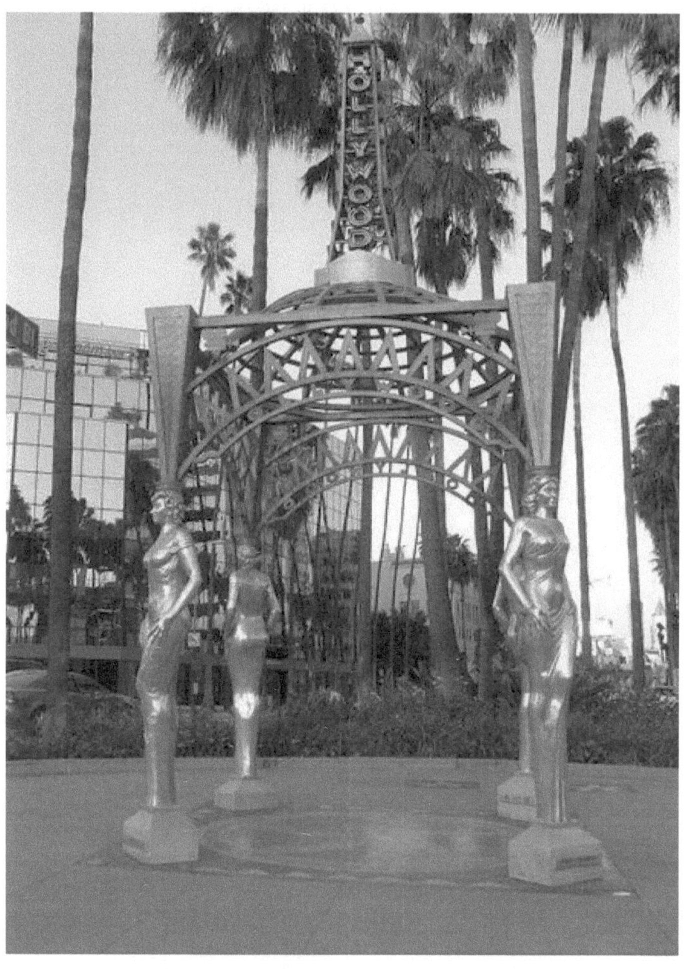

Kunstwerk „Four Ladies of Hollywood
auf dem „Walk of Fame": Mae West, Dolores del Rio,
Dorothy Dandridge und Anna May Wong

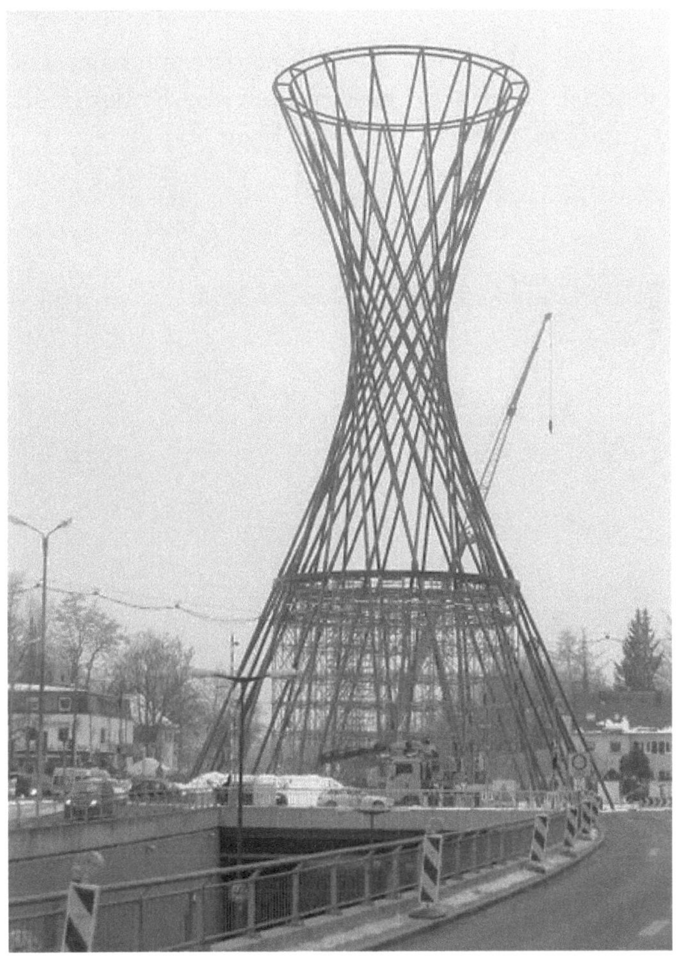

52 Meter hoch und 72 Tonnen schwer:
Carbon-Konstruktion mit dem Titel „Mae West"
auf dem Effnerplatz in München

dem Titel „Mae West" an die legendäre amerikanische Filmdiva. Angeblich basiert auch der Entwurf der „Coca-Cola"-Flasche auf ihrer Figur.

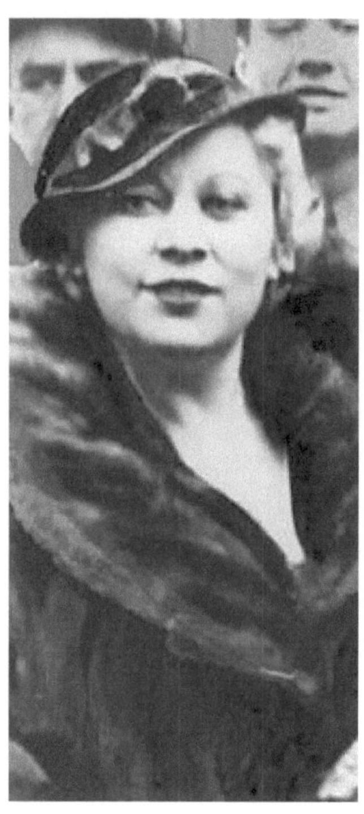

*Mae West
im Alter
von etwa 40 Jahren.
Ausschnitt
aus einem Foto
von 1933*

Filme von Mae West

1932: Night After Night
1933: Sie tat ihm unrecht (She Done Him Wrong)
1933: Ich bin kein Engel (I'm No Angel)
1934: Belle of the Nineties
1935: Goin' to Town
1936: Klondike Annie
1936: Auf in den Westen (Go West Young Man)
1937: Every Day's a Holiday
1940: Mein kleiner Gockel (My Little Chickadee)
1943: The Heat's On
1970: Myra Breckinridge
1978: Sextette

Quelle: Wikipedia

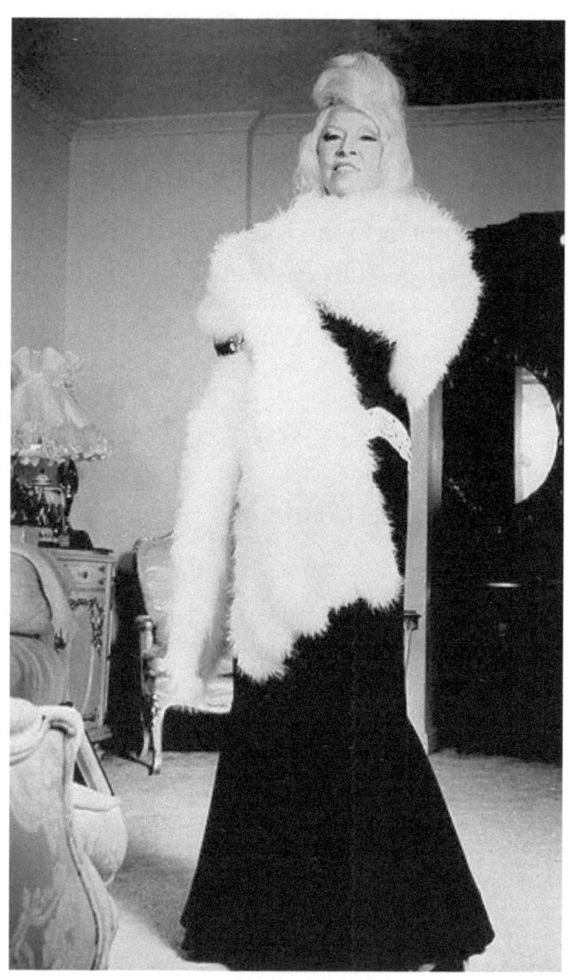

Mae West in ihrem Wohnzimmer in Hollywood

Zitate von Mae West

Alle Männer sind gleich, bis auf den, den man gerade kennengelernt hat.

Alles was einem Spaß macht, ist entweder illegal, unmoralisch oder macht dick. In besonders spaßigen Fällen sogar alles auf ein Mal.

Alles was wert ist getan zu werden, ist es wert langsam zu tun.

Bei älteren Liebhabern weiß man nie genau, wo die Leidenschaft aufhört und das Asthma beginnt.

Die Ehe ist eine sehr gute Institution, aber ich bin nicht reif für eine Institution.

Du lebst nur einmal, aber wenn du es richtig machst, ist einmal genug.

Ein Homosexueller ist eine Frauenseele in einem Männerkörper.

Es ist keine Sünde, wenn du ab und zu einige Gesetze knackst, solange du keine brichst.

Es sind nicht die Männer in meinem Leben, die zählen – es ist das Leben in meinen Männern.

Frauen mit Vergangenheit interessieren die Männer, weil die Männer hoffen, dass sich die Vergangenheit wiederholt.

Hätte seine Mutter ihn nur weggeworfen und stattdessen den Storch behalten.

Heirate einen Mann nicht, um ihn zu ändern – dazu sind Besserungsanstalten da.

Ich bin das Mädchen, das seinen guten Ruf verloren und nie vermisst hat.

Ich bin kein kleines Mädchen aus einem kleinen Ort, das Karriere in einer großen Stadt macht. Ich bin ein großes Mädchen aus einer großen Stadt, das Karriere in einem kleinen Ort macht.

Ich glaube an die Zensur. ich habe ein Vermögen dadurch verdient.

Ich liebe die Zurückhaltung, sie darf nur nicht zu weit gehen.

Ich spreche zwei Sprachen, Körper und Englisch.

Ich war einmal Schneewittchen, aber ich bin davon abgekommen.

Irren ist menschlich, und das Gefühl dabei ist göttlich.

Ist das ein Revolver da in Ihrer Hose oder freuen Sie sich nur, mich zu sehen?

Jeder Mann, den ich treffe, möchte mich beschützen. Ich weiß gar nicht wovor.

Mit wem muss ich es treiben, um aus diesem Film wieder herauszukommen?

Sex ist Gefühl in der Bewegung.

Sex mit Liebe ist das Größte im Leben. Aber Sex ohne Liebe – ist eigentlich auch nicht schlecht.

Trotz allem möchte ich die Männer, mit denen ich verheiratet war, wieder heiraten. Aber nicht in der gleichen Reihenfolge.

Was den Sex betrifft, ist der Mann von Natur aus ein Tier. Ich hatte immer meine besonderen Haustierchen.

Wenn ich gut bin, bin ich sehr gut, wenn ich schlecht bin, noch besser.

Wenn ich zwischen zwei Übeln zu wählen habe, dann
nahme ich lieber das, was ich noch nicht ausprobiert
habe.

Zehn Männer warten an der Tür auf mich? Schick einen
nach Hause, ich bin müde.

Zuviel von einer Sache kann wundervoll sein.

Literatur

DER SPIEGEL: „Niemand kann mich je vergessen", S. 162–164, 30. Oktober 1972, Hamburg
DER SPIEGEL: Märtyrerin der Libido. Ein Manko an Schönheit machte sie wett durch Sex und freche Sprüche: Eine neue Biografie feiert Mae West als größten Vamp der frühen Tonfilm-Ära, S. 134, 12. Mai 1997, Hamburg
DER SPIEGEL: Register. Gestorben. Mae West, S. 284, 1. Dezember 1980, Hamburg
DER SPIEGEL: Mae Wests Skandalstück ist wieder da, 10. Januar 2000, Hamburg
FEMBIO Frauen-Biographie-Forschung
http://www.fembio.org
HEINZLMEIER, Adolf / SCHULZ, Bernd / WITTE, Karsten: Die Unsterblichen des Kinos, Band 2, Glanz und Mythos der Stars der 40er und 50er Jahre, Frankfurt am Main 1980
INTERNET MOVIE DATABASE
(Film-Datenbank)
http://www.imdb.com
LEIDER, Emily Wortis: Mae West – I'm no Angel", München 1997
PROBST, Ernst: Superfrauen 7 – Film und Theater, Mainz-Kostheim 2001

PROBST, Ernst: Königinnen des Films, München 2012
PUBLIKUMSLIEBLINGE NICHT NUR VON
GESTERN http://www.steffi-line.de
Internetseite von Stephanie D'heil, Düsseldorf
WIKIPEDIA (Online-Lexikon)
http://wikipedia.org
WINNERT, Derek (Herausgeber): Mae West. Aus:
Kino. Die große Welt der Filme und Stars, S. 175, Nie-
dernhausen 1995

Bildquellen

Klaus Benz, Fotograf, Mainz-Laubenheim: 44

Library of Congress, Prints and Photographs Division,
New York World-Telegramm and the Sun newspaper
Photographs Collection, Washington:
(Foto von 1933): 1
(Foto von 1933, Ausschnitt): 12
(Foto von 1933, Ausschnitt): 32
(Foto von 1965): 16

Library of Congress, Prints and Photographs Division,
Farm Security Administration – Office of War Infor-
mation Photograph Collection, Washington:
(Foto von John Collier vom Juni 1943): 18 unten
(Foto von Russel Lee (1903-1986) vom Mai 1942): 18
oben

A. Ranguelov: 28 (via Wikimedia Commons), Lizenz:
gemeinfrei

Rufus46/CC-BY-SA3.0: 29 (via Wikimedia Commons),
lizensiert unter CreativeCommons-Lizenz by-sa-3.0-de
http://creativecommons.org/licenses/by-sa/3.0/
legalcode

Southerly Clubs of Stockholm: 27 (via Wikimedia
Commons), Lizenz: gemeinfrei

Allan Warren/CC-BY-SA3.0: 22, 23, 34 (via Wikimedia
Commons), lizensiert unter CreativeCommons-Lizenz
by-sa-3.0-de
http://creativecommons.org/licenses/by-sa/3.0/
legalcode

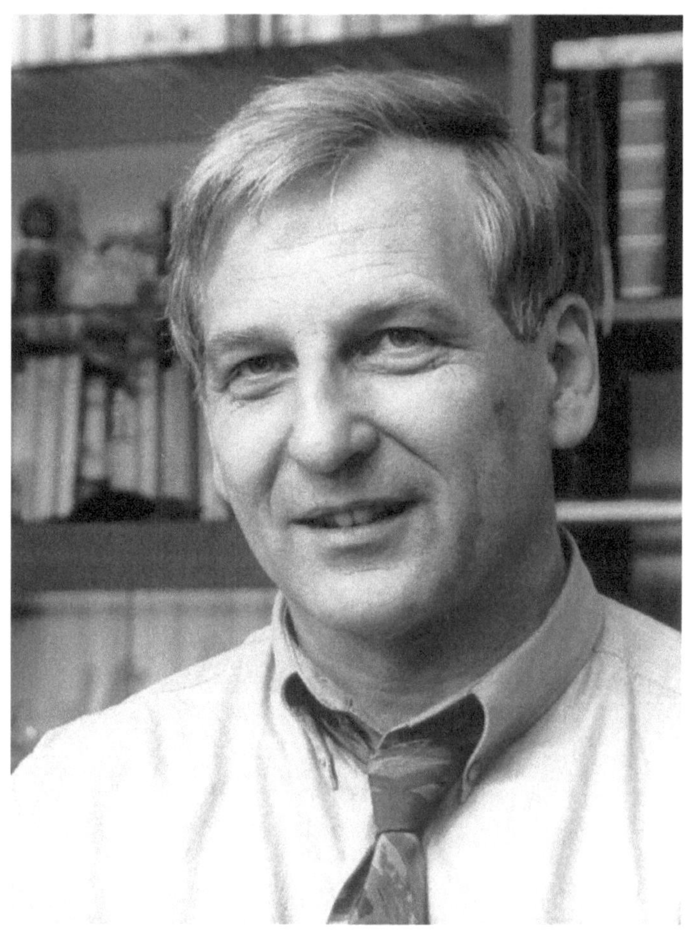

Autor Ernst Probst

Der Autor Ernst Probst

Ernst Probst, geboren am 20. Januar 1946 in Neunburg vorm Wald im bayerischen Regierungsbezirk Oberpfalz, ist Journalist und Wissenschaftsautor. Er arbeitete von 1968 bis 1971 als Redakteur bei den „Nürnberger Nachrichten", von 1971 bis 1973 in der Zentralredaktion des „Ring Nordbayerischer Tageszeitungen" in Bayreuth und von 1973 bis 2001 bei der „Allgemeinen Zeitung", Mainz. In seiner Freizeit schrieb er Artikel für die „Frankfurter Allgemeine Zeitung", „Süddeutsche Zeitung", „Die Welt", „Frankfurter Rundschau", „Neue Zürcher Zeitung", „Tages-Anzeiger", Zürich, „Salzburger Nachrichten", „Die Zeit", „Rheinischer Merkur", „Deutsches Allgemeines Sonntagsblatt", „bild der wissenschaft", „kosmos", „Deutsche Presse-Agentur" (dpa), „Associated Press" (AP) und den „Deutschen Forschungsdienst" (df). Aus seiner Feder stammen die Bücher „Deutschland in der Urzeit" (1986), „Deutschland in der Steinzeit" (1991) und „Deutschland in der Bronzezeit" (1996). Von 2001 bis 2006 betätigte sich Ernst Probst als Buchverleger sowie zeitweise als internationaler Fossilienhändler und Antiquitätenhändler. Insgesamt veröffentlichte er rund 200 Bücher, Taschenbücher, Broschüren und E-Books.

Bücher von Ernst Probst

(Auswahl)

Als Mainz noch nicht am Rhein lag

Annie Oakley
Die Meisterschützin des Wilden Westens

Archaeopteryx. Der Urvogel
aus Bayern

Christl-Marie Schultes. Die erste Fliegerin in Bayern
(zusammen mit Theo Lederer)

Cortés und Malinche. Der spanische Eroberer
und seine indianische Geliebte

Der Europäische Jaguar

Der Mosbacher Löwe
Die riesige Raubkatze aus Wiesbaden

Der Rhein-Elefant
Das Schreckenstier von Eppelsheim

Die Dolchzahnkatze Megantereon

Die Dolchzahnkatze Smilodon

Die Säbelzahnkatze Homotherium

Die Säbelzahnkatze Machairodus

Die Schweiz in der Frühbronzezeit

Die Rhône-Kultur in der Westschweiz

Die Arbon-Kultur in der Schweiz

Die Schweiz in der Mittelbronzezeit

Die Schweiz in der Spätbronzezeit

Dinosaurier von A bis K. Von Abelisaurus
bis zu Kritosaurus

Dinosaurier von L bis Z. Von Labocania
bis zu Zupaysaurus

Eiszeitliche Geparde in Deutschland

Eiszeitliche Leoparden in Deutschland

Frauen im Weltall

Hildegard von Bingen. Die deutsche Prophetin

Höhlenlöwen. Raubkatzen
im Eiszeitalter

Julchen Blasius
Die Räuberbraut des Schinderhannes

Katharina II. die Große.
Die Deutsche auf dem Zarenthron

Johann Jakob Kaup
Der große Naturforscher aus Darmstadt

Königinnen der Lüfte in Deutschland

Königinnen der Lüfte in Europa

Königinnen der Lüfte in Amerika

Königinnen der Lüfte von A bis Z

Rund 70 Kurzbiografien berühmter Fliegerinnen,
Ballonfahrerinnen, Luftschifferinnen,
Fallschirmspringerinnen, Astronautinnen und
Kosmonautinnen

Königinnen des Films

Königinnen des Tanzes

Königinnen des Theaters

Malende Superfrauen

Meine Worte sind wie die Sterne

Die Entstehung der Rede des Häuptlings Seattle
(zusammen mit Sonja Probst)

Monstern auf der Spur
Wie die Sagen über Drachen, Riesen
und Einhörner entstanden

Neues vom Ur-Rhein
Interview mit dem Geologen und Paläontologen
Dr. Jens Sommer

Österreich in der Frühbronzezeit

Österreich in der Mittelbronzezeit

Österreich in der Spätbronzezeit

Pompadour und Dubarry. Die Mätressen
von Louis XV.

Raub-Dinosaurier von A bis Z.
Mit Zeichnungen von Dmitry Bogdanav
und Nobu Tamura

Rekorde der Urmenschen
Erfindungen, Kunst und Religion

Rekorde der Urzeit
Landschaften, Pflanzen und Tiere

Säbelzahnkatzen. Von Machairodus
bis zu Smilodon

Säbelzahntiger am Ur-Rhein. Machairodus
und Paramachairodus

Superfrauen aus dem Wilden Westen

Tony und Bruno Werntgen. Zwei Leben für die Luftfahrt
(zusammen mit Paul Wirtz)

Was ist ein Menhir?
Interview mit dem Mainzer Archäologen
Dr. Detert Zylmann

Weisheiten der Indianer

Wer ist der kleinste Dinosaurier?
Interviews mit dem Wissenschaftsautor Ernst Probst

Wer war der Stammvater der Insekten?
Interview mit dem Stuttgarter Biologen
und Paläontologen Dr. Günther Bechly

Zenobia von Palmyra.
Eine Frau kämpft gegen die Römer

Bestellungen bei: http://www.grin.com